कभी कभार

खालीपन से भरा एक अंतर

वैभव श्रीवास्तव

ISBN 979-8-89724-928-2

Contents

कभी क(I)भार
Introduction

कभी-कभार एक कवि अपने मन के भार को हल्का करने के लिए कागज़ और क़लम का सहारा लेता है। उन्हीं कुछ पलों में लिखे हुए कुछ शब्दों को पिरोकर यह छोटी सी एक किताब का रूप दिया है मैंने।

अपने बारे में कहूं तो मैं पेशे से वैसे एक बैंकर हूँ, मुझे लगा यह बता दूँ आपको क्योंकि, बैंकर, इंजीनियर, डॉक्टर – इन सब लोगों से अगर पूछा जाता है कि आप क्या करते हैं, तो कोई Follow-Up सवाल नहीं होता है। परंतु एक कलाकार से जब भी पूछा जाता है कि आप क्या करते हैं, तो Follow-Up सवाल ज़रूर बनता है –

'ये सब तो ठीक है मगर काम क्या करते हो, बेटा?'

दूसरी ज़रूरी बात ये बतानी है जो ज़िन्दगी ने मुझे सिखाई है – कि सारी खुशियाँ खराब होने की एक ही वजह है – **'उम्मीद'**।

तो आप लोगों से अनुरोध है कि उम्मीद बहुत ही कम रख के
ये कविताओं का संग्रह पढ़ें।

कोई त्रुटि हो और आपका मन कर रहा हो कि मुझे बता देना
चाहिए, या फिर नया बैंक अकाउंट खुलवाना हो, तो मेल करें –

tathastu144@gmail.com "**

Chapter-01
Keep it Short

वक़्त का मलहम

"कुछ दर्द कम हुआ है..
एक और दिन हो गया है क्या?"

तलब

"अब महसूस नहीं होती ज़रूरत तुम्हारी
"तेरी उम्मीद" की तलब "तुझसे" ज़्यादा लगा रखी है!"

फिर से

"टूटी हुई रस्सियों से पुल बनाने निकला हूँ,
मैं आज फिर से दिल लगाने निकला हूँ!"

दरिया का गुमान

"दरिया अपना दायरा बताने को
दोनों छोरों की दूरियां नापने निकल गया।
एक गर्मी के बाद जो बारिश न हुई तो
सारा पैमाना ही बदल गया..

कम..

"इतना कम मिला करती हो मुझको,
इश्क़ समझूँ तुम्हें या तनख़्वाह मान लूँ?"

नया साल

"आगे बढ़ जाता हूँ अभी,
ये नया साल तो पिछले साल भी आया था!"

मैसेज

The message was in two lines of:

"This message was deleted"

and

"You deleted the message"!!

Of the thousand lines of chat they had!

अनचुका उधार

"तेरे पास वाली दुकान में,

काफ़ी उधार है मेरा,

बड़े अनचुके हिसाब हैं तेरी गली में!"

सबक इश्क़ का

इक ख़मियाज़ा था इश्क़ जो भुगत लिया,

इक एहतियात है अब जो बरत रहे हैं।

धोखे का धोखा

"हँस के सहता रहा इश्क़ में तेरे धोखे को सभी,
कि किसी मोड़ पे मिल जाओगे मुझे तुम धोखे से कभी!"

कलम की कमज़ोरी

हौसला था कभी मुक़द्दर लिखने का,
अब कहता हूँ कि होनी को कैसे टालता।
मैं चलते हुए क़दम नहीं संभाल पाता हूँ,
लिखते हुए क़लम कैसे संभालता।

इश्क़ में झूठ

"उनसे इश्क़ है ये छुपाने को,
हमने झूठ बोलना सीख लिया।
अब इज़हार करता हूँ तो कहते हैं कि- " अच्छा !
अब झूठ बोलना भी सीख लिया?"

आँखों की जुबान

"कहानी होठों ने नहीं, मेरी आँखों ने कही,
मसला इतना ही रहा कि,
मैं कह ना सका, और उसने कभी देखा ही नहीं!"

अज़ीज़ अजनबी

"नफ़रत से सही पर दिल में कहीं रख लेना,
अज़ीज़ ना सही तो अजनबी भी नहीं बनना हमें!!"

फितरत

"जितना ही पकड़ना चाहा तुमको,
उतना ही फिसलती रही।
फरेब फ़क़्त फ़ितरत का रहा,
तुम्हारी रेत सी थी, हमारी प्रेत सी रही..."

आखिरी कील का हक़

"हालातों से तो लड़ लिए बहुत मगर,
तुम्हारा दूर जाना ना गवारा हुआ,
सो गए सोच के ये कफ़न में अपनी हम,
कि आख़िरी कील का हक़ तो चलो अब तुम्हारा हुआ!"

अकेला मुसाफिर

"इतना तेज़ चला हूँ मैं आज,
कि दूर कहीं मेरी परछाइयाँ भी छोड़ चुकी मेरा साथ।
इतने ऊँचे बैठा दिए अपने ख़्वाब,
कि अब ज़मीन है काटती
और आसमान है मेरी छलांग के ख़िलाफ़..!"

दुराहा

"एक दुराहे पे आके ज़िंदगी मेरी ऐसी रुकी,
एक रास्ते पे अपनी ख़ुशी थी और दूसरे पे अपनों की ख़ुशी...
अपने को पाने के लिए आगे बढ़ते तो अपनों को खो देते,
इधर जाते तो भी रो देते, उधर जाते तो भी रो देते..."

महज़ इंतज़ार

"ख़ुश होता हूँ देखकर
ये जिनको प्यार मिल जाता है ज़माने का।
हमने तो बस इंतज़ार ही किया है,
पहले उनके आने का और फिर लौट के आने का..."

फ़लसफ़े ज़िन्दगी के

"ज़िंदगी के सारे फ़लसफ़े धरे के धरे रह गए,
जिस मोड़ पे साथ छोड़ के गए थे तुम,
हम वहीं खड़े के खड़े रह गए।
ता-उम्र तुम्हें पाने और फिर भुलाने में ज़ाया हुई,
बाकी सपने किसी कोने में पड़े के पड़े रह गए।"

पाने का सब्र...

"दुआ है कि तेरे क़रीब आने का फ़ासला
महज़ इतना कम हो जाए,
कि साँसों के छूट जाने से पहले
मेरा सब्र ना टूटने पाए..."

दो पहलू

"पहले संकोच करते रहे,
अब अफ़सोस करेंगे हर चीज़ में।
ये साली ज़िंदगी बीत गई
'अभी तो वक़्त बचा है'
और 'अब कहाँ वक़्त बचा है' के बीच में!!"

समझ

"दर्द को दर्द कह के बताया तो बहाना मान लिया,
दर्द की शायरी कही तो अफ़साना मान लिया।
अब ये समझा कि ये समझेंगे नहीं,
तो समेट लेता हूँ सब ख़ुद में,
और चला जाता हूँ दूर यहाँ से,
बरसों से जिसे अपना ठिकाना मान लिया है।"

बदलता मैं

"हर हालात से सबक़ लेकर, एक नई तस्वीर बना ली है,
सफ़र ज़िंदगी का मगर ट्रेन सी तक़दीर बना ली है।
इतना कम मिला हूँ ख़ुद से कि भूल जाता हूँ अकसर,
कि ये उधार पे ले रखा है जिसे अपनी जागीर बना ली है।"

दस्तक

"आज दरवाज़े बंद हैं तेरे दिल के सारे, तो क्या,
कल फिर गुज़र के इधर से दस्तक देता जाऊँगा।
एक सीधी सी सड़क है, मेरे घर से तेरे घर को जोड़ती,
बस उसपर ही चलना है रोज़ाना, मैं कहाँ मुड़ जाऊँगा।
मटके का पानी है तू, मैं प्यासा कौआ उड़ रहा,
सारे कंकर तुझमें भरकर तुझसे मैं जुड़ जाऊँगा।
आज दरवाज़े बंद हैं तेरे दिल के सारे, तो क्या,
कल फिर गुज़र के इधर से दस्तक देता जाऊँगा।"

ज़हर

"ज़हर भी अगर पड़े देना तो इस तरह देना,
कि मौत में भी थोड़ा सा सुरूर रह जाए।
सहारा चाहे न भी देना, तो एक इशारा दे देना,
कि दिल में थोड़ी सी गुंजाइश ज़रूर रह जाए।
और दोस्तों में बैठता हूँ तो बातें होती हैं तुम्हारी,
दोस्तों में बैठता हूँ तो बातें होती हैं तुम्हारी।
कुछ एक सुबूत ऐसा दे जाओ कि
महफ़िल में हमको ग़ुरूर रह जाए!"

Chapter 02
Zindagi Ke Panno Se...

ज़िद्द की हद

क्या हद होती होगी ज़िद्द की तेरी, कि वक़्त
जो भी हो
तू सरहद पे खड़ा रहता है।
ये तूफान गिरा तो देता होगा, ये ठंड गला तो देती होगी,
तेरे नाम की गोली आती ही होगी कभी भी,
ये सोच डरा तो देती होगी।
दुश्मन और मौसम के जोर के आगे,
तू बिना झुके अड़ा रहता है।
क्या हद होती होगी ज़िद्द की तेरी, कि वक़्त जो भी हो
तू सरहद पे खड़ा रहता है।

कल सुबह उठ के अपनी पैंट ढूँढने में परेशान,
आज होश में आके कहीं अपने पैर ढूँढता होगा।
महफ़िल में दोस्तों के न आने से रूठ जाने वाला,
आज रात अपने कभी न लौट के आने वाले दोस्त के बिस्तर के
बगल में सोता होगा।
अब तो चेहरा भी सख्त रहता है तेरा,
पर वो आँखें कभी तो रोती होंगी।

क्या हद होती होगी ज़िद् की तेरी, कि वक़्त
जो भी हो
तू सरहद पे खड़ा रहता है।

माँ के प्यार की, यार की, इतवार की
याद भी तो आती होगी।
घर के सब लोग मिलने वाले होंगे तेरे बगैर,
आने वाले त्योहार की बहार भी तो आती होगी।
जिस गली में छोड़ के आया था वो बचपन, वो सावन, वो यौवन,
तुझे नज़रों में बसाने को अभी भी जागी होती होगी।
क्या हद होती होगी ज़िद् की तेरी, कि वक़्त जो भी हो
तू सरहद पे खड़ा रहता है।

कल आएगा तू वापस लौट के,
तिरंगा ओढ़ के या उसमें लिपट के।
उम्मीद तेरी माँ की आँखों में आँसू बन के टपकती होंगी।
क्या हद होती होगी ज़िद् की तेरी, कि वक़्त जो भी हो
तू सरहद पे खड़ा रहता है।

अब।

अब मेरे घर के पर्दे पे धूल नहीं जमती,
बिस्तर समतल है, घड़ियों की टिक-टिक भी नहीं थमती।
कितना कम काम होता है मेरे मकान में,
जबसे औरों ने रहना छोड़ दिया है!

एक बार का खाना, एक बार से ज्यादा चलता है,
पड़ोस की खबर का पता, अख़बार से ज्यादा चलता है।
टीवी, एसी, फ्रिज वगैरह सब ले लिया है मैंने,
मेरा घर लोगों से नहीं, बिजली की तार से ज्यादा चलता है।
सीधे-साधे रिश्तों को मैंने कुछ ज्यादा ही मोड़ दिया है,
कितना कम काम होता है मेरे मकान में,
जबसे औरों ने रहना छोड़ दिया है!

भरा-भरा पहले भी रहता था घर,
अब दीवारें कम और जाले ज्यादा हैं।
बहुत कुछ समेट के बंद करना पड़ता है,
मेरे घर में संदूक और ताले ज्यादा हैं।
सोचने बैठता हूँ तो बहुत दूर तक चलना पड़ता है गलतियाँ
समझने को,

ख़ैर, मेरे पैरों में अब पड़ते छाले भी ज्यादा हैं।
खाने में ज्यादा नमक देखा मगर,
रिश्तों में गिरती मिठास कभी गौर नहीं किया है।
कितना कम काम होता है मेरे मकान में,
जबसे औरों ने रहना छोड़ दिया है!

--

कहीं न जाने के लिए घंटों तैयार होता हूँ,
अब कोई शिकायत नहीं करता देर होने की।
सहूलियत के दोस्त बन चुके हैं बालकनी के कबूतर,
दुःखड़ा सुनाते वक्त डर नहीं किसी से बैर होने की।
और फिर तेरे न होने से कौन-सी बदल गई है ज़िंदगी मेरी?
मुझे तो आदत थी न खुश तेरे बगैर होने की।
सुई में पिरोए सच्चे नातों के धागे,
एक झटके में ही तोड़ दिया है।
कितना कम काम होता है मेरे मकान में,
जबसे औरों ने रहना छोड़ दिया है!

न्यूज़ ऑन रखता हूँ हॉल में अक्सर,
और जी भर के रखता हूँ हर डिबेट में अपना पॉइंट ऑफ़ व्यू।
सब कुछ पहले जैसा ही है,

तब मैंने किसी की ना सुनी,
अब कोई मेरी सुने भी तो क्यों?
अपनी शर्त चलाने की चाह ने ही मेरी ज़िंदगी को ये मोड़
दिया है।
सच में, काफ़ी कम काम होता है मेरे मकान में,
जबसे औरों ने रहना छोड़ दिया है!

एक कहानी अफ़सोस की

कुछ किरदार ज़िंदगी में अलग मायनों से आते हैं,
वो पैमाने में उतरते नहीं, मगर ज़ेहन को छू जाते हैं।
कुछ वैसी ही तर्ज़ पे उनसे एक दिन मुलाक़ात हुई थी,
सफ़र तो लंबा न रहा, मगर दिलचस्प कुछ बात हुई थी।
वो साझा साझेदारी न जाने क्यों टूट गया,
थोड़ा उनकी कोशिश में कमी थी,
थोड़ा मैं ज़्यादा ही रूठ गया।

अब सोचता हूँ कि क्या सोचे बैठा था पकड़ के?
मेरे पास ही तो था वो, फिर क्यों रखना था जकड़ के?
अकड़ के आँखें ऊँची न रखता तो देख पाता,
कि ग़लतियाँ थीं बस सब अपनी सोच की।
आगे तो बढ़ गया हूँ मगर चलती है साथ में,
एक कहानी अफ़सोस की।

एक मुसाफ़िर था वो

लोग, समाज है, है दस्तूर का बंधन,
सब जुड़ गए उससे, उसकी राहों में आके।
सब कुछ उठा के, चलने को जो बढ़ा वो,
बस दो क़दम पे, गिर गया वो जा के।

न जाने कितने आसमान उसके किनारों पे मिलते थे,
ख़ुद की ज़मीन थी, पर क़दम हज़ारों के चलते थे।
उन हज़ारों की मुस्कान में कहीं छिप गई उसके सपनों की
मंज़िल,
अब रुक गया रास्ते में कहीं घर बनाके वो...
एक मुसाफ़िर था जो।

कहीं और होंगे

कुछ देर साथ चल के सफ़र में कल,

हम तुम कहीं और होंगे।

घूम जाएगी ज़िंदगी अगले ही पल अपनी,

कि रास्ते में आगे मोड़ कई और होंगे।

ना साथी, ना रिश्ते और ना ही टिकते वास्ते हैं,

अपनी मंज़िल आप ही चल,

औरों के खुद के रास्ते हैं।

साए का साथ छोड़ना तो आम ही था,

अब तो बिछड़ जाते कहानियों से किरदार भी है,

कि फिर कभी सुनाई गई तो कहो,

अलीबाबा के चालीस चोर भी,

अब कहीं और होंगे!

अपने साथ

तुम अकेले नहीं गए थे हमारी ज़िंदगी से,

हमारा मन ले गए,

हमारा धन ले गए,

हमारा ध्यान ले गए।

हमारी सोच ले गए,

हमारा ज्ञान ले गए,

हमारी जुबान ले गए,

हमारी प्रीत ले गए,

हमारी जीत ले गए,

हमारा सम्मान ले गए।

और ले गए संग लम्हों से एक-एक यादें,

और उन यादों के पीछे की एक-एक बातें,

और हर बातों से जुड़ा एक-एक अफसाना।

और अब सजाए भी हम कैसे कोई महफिल,

तुम सारा सामान, सारा इंतज़ाम ले गए।

अब एक शरीर है हमारा और चार साँसें,

जाते जाते तुम वो भी ले जाते,

मगर आज अब देर हो गई है समझो,

मुहल्ले के चार लोग कल,

हमें कल शमशान ले गए!

पुराना मकान

मैं कल अपना एक पुराना मकान देखने गया था,

देख के यूं लगा कि कोई अधूरा मुकाम देखने गया था।

रहने तो नहीं गया था मगर,

कोई रहने तो नहीं लग गया है उधर,

मैं ताज़ा इंतज़ाम देखने गया था।

मैं कल अपना एक पुराना मकान देखने गया था।

बंद था दरवाजा कई दिनों से उसका,

जिस कमरे में कभी था मैं चैन से रहता,

देखना था वो ताला आज भी खुलता है या नहीं,

मैं अपनी चाबी का काम देखने गया था,

मैं कल अपना एक पुराना मकान देखने गया था।

मेरे क्या, शायद अब किसी की चाबी से नहीं खुलेगा वो,

झरोखे से झांका कि कुंडी शायद अंदर से बंद हो,

और किसी कोने में कहीं कोई

पड़ा हो शायद मेरा सामान, देखने गया था,

मैं कल अपना एक पुराना मकान देखने गया था।

दुरुस्त है बाहर की दीवारें, वो रंग आज भी खिल रहे हैं,

परदेश के परिंदे झुंड लगाके उसकी अटारी पे मिल रहे हैं,

खुशमिजाज़ मंज़र होगा मैं अंदर लगा घुसने,

मेरे बिना सब बंजर हो गए, ये कभी बोला था उसने...

मैं उसकी वही दी हुई जुबान देखने गया था,

मैं कल अपना एक पुराना मकान देखने गया था।

सदियों बाद मुझे देख उसे लगा वो,

कि मेरी आवारगी का शायद वो आखिरी पड़ाव हो,

मैं तो महज़ किराए का आसमान देखने गया था,

मैं कल अपना एक पुराना मकान देखने गया था।

उसे समझ नहीं आता

मेरी शायरी का मिज़ाज, उसे समझ नहीं आता
अल्फ़ाज़ समझ आते हैं मगर एहसास समझ नहीं आता
वो कहती रहती थी कोई समझता नहीं है उसको
और मैं ये सोच के मुस्करा देता कि
उसे कुछ ख़ास समझ नहीं आता
जाते वक्त उसने पूछा तो सही,
तुम्हारा कहीं कुछ छूट तो नहीं?
"सब कुछ," मैं ये कह भी देता,
मगर मालूम था कि उसे ख़ाक कुछ समझ नहीं आता
समझ आया अब हिज्र में तो
एक और मौका मांगता है वो,
ये मौका मगर दोबारा नहीं मिलता,
ये राज़ ये रिवाज उसे समझ नहीं आता

हम और हमारा किचन

शादी करके एक कमरे के मकान में गए थे हम

छोटा सा बिस्तर था और एक साइड में हमारा किचन

खाना बनाते समय सो नहीं सकते थे

और जो एक दफा सो गए तो सोते नहीं थकते थे

माहौल यूं ही था कि

दोनों साथ पकाते और खाते थे

जितना भी हो सके हाथ बढ़ाते थे

ऐसे ही सारे काम हो जाते थे खत्म

छोटा सा था बिस्तर और एक साइड में हमारा किचन

एक बाहर जाता तो दूसरा जागता था

वापस लौटने तक दरवाजा ताकता था

फिर तरक्की हुई तो ले लिया एक नया घर

बड़ी जगह पे रिश्ते सिकुड़ गए और

"I need more space" ये हम कहने लगे अक्सर,

यूं तो पीछे के किवाड़ से भी आया जा सकता था

मगर सुविधा के लिए दो चाबियाँ भी बनवाया था

वजह घट गई जब बातों की

तो अनबन भी हो गई थी कम

छोटा सा था बिस्तर और साइड में हमारा किचन

कुछ दिन से लगने लगी एक Maid की जरूरत

दूसरे ने जॉब भी स्टार्ट कर दी -to utilise the time for
the best.

पैसे बढ़े तो दोनों ने अपनी अपनी पसंद से खाना स्टार्ट कर लिया
और ऑफिस की टाइमिंग अलग थी तो अपने अपने टाइम पे
ब्रेकफास्ट कर लिया

घंटों बातें करने वाले अब बिस्तर पे पड़ते ही सो जाया करते थे

व्हाट्सऐप के मैसेज अब पर्सनल हो गए थे

सो लॉक करके छुपाया करते थे

वीकेंड वीकेंड पे ही बन पाता था बातचीत का कार्यक्रम

छोटा सा बिस्तर था और एक साइड में हमारा किचन

एक की कमाई दूसरा उड़ाने वाला अब शेयर करते थे Rent

अब किसी के झुकने के सवाल भी नहीं थे

they both were now independent!

घर कब तक आओगे का

मैसेज भी अब छूट गया

और कल बात जब बढ़ गई तो एक का दूसरे पे हाथ उठ गया

Sentiments were wrong

And we both knew our rights

बैंक बैलेंस तो था ही

और Divorce lawyers to back our fights

पुराना वाला बेच के अब दोनों ने अपने खुद के लिए ले लिया था मकान

और अब कभी कभी याद कर लेते हैं

वो छोटा सा बिस्तर और साइड में हमारा किचन

मर्द

रो लेना अकेले में मगर महफिल में
हमेशा मुस्कुराना होगा
आदमी है न कि कुछ फरज है तेरे
जिनको निभाना होगा
कमज़ोर पड़ सकता है मंज़ूर है
मगर दिख नहीं सकता कमज़ोर तू
बाल माथे पे जितना भी पड़े
मगर हाथों से ही दिखाना होगा
तेरे खुद के ख़्वाब को खुद में
दफ़न करने से पहले खुद के लिए
ये आख़िरी दांव खेल ले
फिर मगर जाना होगा

Chapter 03
Laugh on it or With it...

Claim Wala Pyar

उस बेमुरउव्वत को मेरे चले जाने का PAIN नहीं था
वो तो रोया ही ये जान के था कि
INSURANCE का कोई CLAIM नहीं था
मर भी जाते हम किसी और तरीके से जो इतना भी खबर होता
कि ग़म-ए-इश्क में SUICIDE COMMIT कर लेना
POLICY के किसी CLAUSE में कवर नहीं होता

दिल दिलेरी और DISCOURAGEMENT

मैदान-ए-इश्क में दिल टूटता रहा
तो एक दिन हौसला भी टूटा
एक आख़िरी कोशिश कर बताया उनको हाल-ए-दिल
तो हंस कर उसने बोला -
हीहीही - चल झूठा!

We Will Get Back to You

आलम ये है कि सफेद हो चुकी है ज़िंदगी
और हर एक मोड़ पे "असुविधा के लिए खेद" हो चुकि है ज़िंदगी
जबरदस्ता तो बस अब जद्दो-जहद ही रहता है
बाकी मंजिल के नाम पे "We will get back to you" का
Tag हो चुकी है ज़िंदगी।

कब करोगे!

चाय गरम थी तो पिया नहीं
वक्त बचा था तो जिया नहीं
आने वाले साल में वो सब करूंगा
जाने वाले साल में जो किया नहीं

किया करते थे

तेरी गलियों में आया-जाया करते थे

बस यूहीं वक्त ज़ाया करते थे

एक तेरे इंतजार में सारे काम छोड़ दिए हमने

वर्ना एक नौकरी थी हमारी,

अच्छा खासा कमाया करते थे

तेरे इश्क के काबिल बनने को

बाकी हुनर भूल दिए हमने

वर्ना एक अच्छे शायर भी थे हम

ये मुशायरे वाले अक्सर

हमें बुलाया करते थे

एक प्रेम रतन पाने को

सारी जमीन नीलाम कर दी हमने

अब उसी कोठी के आगे पान की दुकान चलाते हैं

जिसमें कभी शान से आया-जाया करते थे

Life of Irony

"मेहनत से घिस के अपनी किस्मत बनाई
मगर किस्मत का दिया मैं कुछ खाता नहीं
हुनर इतने हैं मुझमें कि बरस जाए मुझपे दुनिया की दौलत
मगर मसला इतना ही है कि मैं आज भी फेंके हुए पैसे उठाता
नहीं हूँ"

Dard aur Dost

"उन्हें बात महज़ रात की करनी थी और हम सिंदूर लेकर आ गए
सौदा फ़क़त जिस्म का था हम अपनी रूह लेकर आ गए
अब ऐसी महफ़िल में दिल टूटना लाज़मी था
वो तो दोस्त-ए-दिल मौजूद थे जो हमें ग़म से दूर लेकर आ गए"

Chapter 04
Patra Kahaniyon Ke...

द्रौपदी की व्यथा...
एक नारी की कथा

बला घटी जब ज्ञात हुआ कि मिला एक संदेश है

बाट दो मुझे पंच जानों में हुआ एक आदेश है

मैं बाल जनी पंचाल ज़मीन पे पली बड़ी ही नाज़ से

क्या आज से घर काज़ मेरे मोहताज रहेंगे लाज के

यही सोच के चिंतित हुई, पल पल विचलित हुई

मैं द्रौपदी, मैं द्रौपदी

मेरी बेबसी, मैं द्रौपदी

बिका न्याय जब लगी दाँव पे मैं कौडियों के इस खेल में

क्या जन्म राज था धर्म राज का

या दिया मुझे भूल में

धर गिरि नारी जब खुली साड़ी मेरी

कौरवों के बीच में

मेरी चीख में मेरी पीर थी

जो दबी रही उस भीड़ में

अपने में हूँ सिकुड़ी हुई, शर्म से लिपटी हुई

मैं द्रौपदी, मैं द्रौपदी

मेरी बेबसी, मैं द्रौपदी

मेरे प्रश्नों में मेरे प्रियजन थे

जो साक्ष्य रहे मेरी उतरन के

जिन चर कमलों में अर्पित थी

वो योग्य कहां अब सिमरन के

जो खुला बदन वो मेरा था

पर चीर हरण तो तेरा था

मैं बनी वस्तु हूं क्रीड़ा की

क्या बात नहीं तेरे पीड़ा की

जहां भीम भी थे और भीष्म भी

खुला जन ग्रह था और मेरा जिस्म भी

मैं लुटि वहां जहां अपने थे

क्या द्वेष करूं क्या द्वंद करूं

हे लाल नरेश तू लाज बचा

निरपुरुषो से क्या वंद करूं

अब ये पहर गुजर जाए जो है

जो हुआ समझ लूं न्याय वो है

मैं क्षमा कुरव को देती हूं

ये मानहानी सह लेती हूं

सब भूल के जी लूंगी मैं

नारी हूं ना

ये विष पी लूंगी मैं

नारी हूं ना

ये विष पी लूंगी मैं
मैं द्रौपदी
मैं द्रौपदी
मेरी बेबसी
मैं द्रौपदी

भीष्म पितामह

गति गलत मति गलत

कि कौर संगति गलत

पर धर्म की पुकार पे

वो जड़ खड़ा दीवार पे

धारा धनुष वहां

जहां था उसका वंश जाना

था प्रण से अड़ा वो

और प्राण से जुड़ा वो

अब प्रमाण है खड़ा ये

जो सुना रहा कथा मैं

कि व्यंग ना व्यथा है

समझ जो ये लिखा है

ना कृष्णा ना सुदामा

ये चरित्र है पितामह

भीष्म पितामह

वो भीष्म पितामह

वरदान में इच्छा मृत्यु थी

पर हुई इच्छा की मृत्यु थी

अपने ही अपने आगे थे

फिर क्यों विवशता युद्ध की थी

धर्म का पूरा ज्ञान था
फिर क्यों अधर्म का काम था
हुआ द्रौपदी का चीरहरण
वो तो स्वयं का अपमान था
अब अंतिम किस्सा कहता हूँ
चल चलते हैं अब कुरुक्षेत्र
जहां भाई के आगे भाई खड़ा
और शिष्य के आगे गुरु थे
बड़े भीषण थे वो अठरह दिन
थी तेज हवा और श्वास कठिन
था चहुँ ओर
अत्यंत शोर
और प्रबल वेग से
लगा दौड़
सब सैनिक बल का
अडम्य जोर
से धरा हिली
हिला तल कठोर
धरा धसी थी लाशों से
धूलों से धूल गए सब चील गिद्ध
अखंड देश की सेना में
जब हुआ ये महाभारत युद्ध

100 भाइयों पे पांच वीर

था कर्ण उधर

और कवच भी

पलड़ा तब तक भी समतल था

पर जुड़ा जहां जब भीष्म बल था

कि कौरव पूरे भार हुए

कई पाण्डव जन संहार हुए

अपने से मारा अपनन को

बस यही बचा था दर्शन को

कि पहले 100 फिर और 100

अच्छे से मारा

अच्छों को

कुछ मित्र थे

और उनके बच्चों को

कि कुछ मित्र थे

हां और उनके बच्चों को

अब मन रहा कोस

कि कोस कोस

है लाश जो अब

वो पाल पोश

के बड़ा किया स्वयं प्रेम कोष

से सींचा था

और खींचा था
जो तीर कमान
ले गया जान
जो जान समान
या बरसों की थी कोई पहचान
जब ना हुआ सहन तो
खुद ये ज्ञान
दे दिया उन्हें
कि किस तरह मुझे
दो ये मृत्यु योग
और लगा रोक
इस नर संहार पर
कि अर्जुन थोड़ा बदल डगर
शिखंडी को तू आगे कर
फिर आंख मूंद और ध्यान लगा
फिर धनुष पे अपना तीर बाण लगा
और दे शाइयाँ
बाणों का जामा
कहलाया जो भीष्म पितामह
भीष्म पितामह
भीष्म पितामह!

Note
of
Thanks